BEI GRIN MACHT SICH IHR WISSEN BEZAHLT

- Wir veröffentlichen Ihre Hausarbeit,
  Bachelor- und Masterarbeit

- Ihr eigenes eBook und Buch -
  weltweit in allen wichtigen Shops

- Verdienen Sie an jedem Verkauf

Jetzt bei www.GRIN.com hochladen und kostenlos publizieren

Bibliografische Information der Deutschen Nationalbibliothek:

Die Deutsche Bibliothek verzeichnet diese Publikation in der Deutschen National-
bibliografie; detaillierte bibliografische Daten sind im Internet über http://dnb.d-
nb.de/ abrufbar.

Impressum:

Copyright © 2011 GRIN Verlag, Open Publishing GmbH
Druck und Bindung: Books on Demand GmbH, Norderstedt Germany
ISBN: 9783668227743

Dieses Buch bei GRIN:

http://www.grin.com/de/e-book/323601/qualitaetsmanagement-und-zertifizierung-
von-fitnessstudios-durch-den-tuev

Leonie Gath

Qualitätsmanagement und Zertifizierung von Fitness-studios durch den TÜV Rheinland

GRIN Verlag

GRIN - Your knowledge has value

Der GRIN Verlag publiziert seit 1998 wissenschaftliche Arbeiten von Studenten, Hochschullehrern und anderen Akademikern als eBook und gedrucktes Buch. Die Verlagswebsite www.grin.com ist die ideale Plattform zur Veröffentlichung von Hausarbeiten, Abschlussarbeiten, wissenschaftlichen Aufsätzen, Dissertationen und Fachbüchern.

Deutsche Hochschule für

Prävention und Gesundheitsmanagement

Hermann Neuberger Sportschule 3

66123 Saarbrücken

Bitte ankreuzen:

___ **Kontrollaufgabe**

_x_ **Einsendeaufgabe**

Fachmodul: BWL IV

Studiengang: BFÖ

Version Studienbrief: April 2011, v5.0

(Datum des Vorwortes, Versionsnummer in Fußzeile des Studienbriefes)

Name, Vorname: Gath, Leonie

Semester: **WS 09**

QUALITÄTSMANAGEMENT UND QUALITÄTSZERTIFIZIERUNG 3

a) Definition der Begriffe, Darstellung der Gemeinsamkeiten und Unterschiede 3

b) Vier Hauptkriterien für gesundheitsorientierte Fitness-Studios für das TÜV- Fitness-Siegel 4

c) Erfüllung der Kriterien im eigenen Ausbildungsbetrieb 4

d) Vor –und Nachteile einer Zertifizierung beim TÜV- Rheinland 6

e) Aktuelle Kosten für eine Zertifizierung beim TÜV – Rheinland und Anzahl der zertifizierten Fitnessanlagen 7

INVESTITION 8

a) Vorteilhaftigkeit der geplanten Investition nach der Kapitalwertmethode 8

b) Vorteilhaftigkeit der geplanten Investition nach der Zinsfußmethode 9

FINANZIERUNG 10

a) Finanzierungsmöglichkeiten für den Kraftausdauerzirkel: 10

b) Ziele und Zwecke des Reformpakets „ Basel III" 12

CONTROLLING...13

a) Erläuterung der Balance- Scorecard, Unterschiede zu den klassischen Controlling-Systemen: 13

b) Vision: „Erhöhung des Anteils weiblicher Mitglieder" : 13

c) Tabellenkalkulation – Kennzahlensystem: 15

LITERATURVERZEICHNIS 16

Name der Anlage:	Musterfit GmbH
████████████████	██████████████████
	Klassifizierung/Einordnung
Anlagenstruktur:	Frauen- Studio
Art der Anlage:	Franchise- Studio
Größe der Anlage:	< 300qm
Preisstruktur der Anlage:	30,00 € bis 59,99 €

Aufgabe 1)

Qualitätsmanagement und Qualitätszertifizierung

a) Definition der Begriffe, Darstellung der Gemeinsamkeiten und Unterschiede

Bei der Verwendung der Begriffe „ Qualitätsmanagement" und „Qualitätszertifizierung kommt es vielmals zu deren Verwechselung. Zwar geht es in beiden Fällen um „Qualität", d. h. um Produkte und Dienstleistungen, welche die Erwartungen der Benutzer bei der Nutzung (Produkte) bzw. nach der Inanspruchnahme (Dienstleistung) erfüllen. Was im Detail mit der „Qualität" geschieht, ist jedoch so unterschiedlich wie die beiden Begriffe „Management" und „Zertifizierung".

Das „Qualitätsmanagement" beschäftigt sich mit allen Aktivitäten und Vorgängen, die sich auf die Planung, Steuerung und Kontrolle der Leistungsqualität eines Unternehmens beziehen, während die „Qualitätszertifizierung" eine Bescheinigung bzw. Kennzeichnung von Produkten und Dienstleistungen darstellt, die dem Kunden eine gewisse Qualitätsgewähr bietet und so die Auswahl erleichtern soll. Hat ein Produkt eine Zertifizierung, so entspricht es bestimmten Normen und verfügt über bestimmte Qualitätskriterien.

Sowohl im Rahmen der Kontroll-, Steuerungs-, und Regelungsprozesse des Qualitätsmanagements als auch in der Qualitätszertifizierung werden Merkmale des Leistungs- bzw. Qualitätsmanagement- Prozesses gemessen bzw. kontrolliert, dann die gemessenen Ist- Werte mit den Soll-Werten verglichen und die Ergebnisse dieses Vergleichs beurteilt. Diese Aktionen geschehen innerhalb der Qualitätskontrolle und Qualitätssicherung.

Der entscheidende Unterschied zwischen „Qualitätsmanagement" und „Qualitäts-zertifizierung" ist der, dass Ersteres aus unternehmensinternen Managementmaß-nahmen besteht, während die „Qualitätszertifizierung" durch eine unternehmens-externe, dritte Stelle (Zertifizierer) stattfindet.

Die Soll-Werte des Qualitätsmanagements werden intern festgelegt. Messparame-ter sind hier Prozesse, Abläufe, Dienstleistungen und die Kundenzufriedenheit. Es findet ein interner Audit statt, welcher im Rahmen von Qualitätsmanage-mentmaßnahmen als regelmäßiger Prozess durch Mitarbeiter des Unternehmens durchgeführt wird, dessen Organisation und Durchführung ebenso regelmäßig erfolgt. Auditoren sind also in diesem Fall die Mitarbeiter des Unternehmens selbst. Der Audit hat bei Übereinstimmung von Ist- und Soll-Werten im Regelfall keine direkten Auswirkungen zu erwarten. Werden die Soll-Werte nicht erreicht, müssen die verantwortlichen Stellen (Geschäftsführung) des entsprechenden Un-ternehmens über mögliche Maßnahmen entscheiden.

Die Qualitätszertifizierung, deren Messparameter von extern vorgeschriebene Prozesse/Abläufe und Produkte sind, wird durch Auditoren, die neutral sowie unabhängig und Mitarbeiter/Beauftragte der Zertifizierungsstelle sind, durchge-führt. Die Soll-Werte sind hierbei durch Normen oder normative Dokumente von der Zertifizierungsstelle vorgegeben. Werden diese nicht erreicht, so müssen, vor einer angestrebten Zertifizierung, konkrete Maßnahmen ergriffen und umgesetzt werden, damit das Ergebnis mit den Normen übereinstimmt.

b) Vier Hauptkriterien für gesundheitsorientierte Fitness-Studios für das TÜV-Fitness- Siegel

Um vom TÜV Rheinland zertifiziert zu werden, muss ein Fitnessstudio seinen Kunden folgendes bieten:

- Kompetentes Fachpersonal
- Einhaltung der Hygienestandards
- Regelmäßige Wartung der Geräte
- Eindeutige und transparente Vertragsbedingungen

c) Erfüllung der Kriterien im eigenen Ausbildungsbetrieb

Ein Fitness-Studio muss viele Kriterien erfüllen, bevor es das Prae-Fit Fitness-Siegel des TÜV-Rheinland verliehen bekommt. Relevante Kriterien sind hier die Trainingsbetreuung, Betreuungs-und Fachkompetenz, die Infrastruktur und appa-rative Anforderungen, Hygiene, Gruppenangebote, Kundenbeziehungen bzw.

Kundenverträge und Zusatzangebote. Mein Ausbildungsbetrieb, Musterfit GmbH, erfüllt nicht alle Anforderungen, die für das Erlangen des TÜV-Fitness-Siegel notwendig sind.

Bei Musterfit absolvieren die Mitglieder ein Zirkeltraining, welches von Trainingswissenschaftlern entwickelt wurde und wobei alle motorischen Fähigkeiten des Körpersystems angesprochen werden. Allerdings wird an hydraulischen Geräten trainiert. Es besteht nicht die Möglichkeit an herkömmlichen Maschinen mit Gewichten, mit Freihanteln oder am Seilzug zu trainieren. Zudem sind die Trainingsgeräte nicht beschildert. Dies stellt die erste Hürde für eine Zertifizierung des TÜV-Rheinland dar. Auch „Kriterium 11" der Kriterien und Arbeitspapiere für gesundheitsorientierte Fitness-Studios gemäß Prüfgrundlage 2 PfG 1217 wird von den Musterfit Studios nicht erfüllt. Es existiert nämlich kein separater Gruppentrainingsraum in dem ein Gruppentrainingsprogramm durchgeführt wird oder durchgeführt werden könnte. Zudem gibt es grundsätzlich bei Musterfit keine regenerativen Einrichtungen bzw. Angebote wie Dampfbad/Sauna/Whirlpool/Massage/Bewegungsbad/Tepidarium/Ruheraum/Kommunikationsraum/Sonnenbank/Bistro-Restauration/Getränke-bzw. Gesprächsecke, von denen mindestens drei der Aufgelisteten vorhanden sein müssten um eine Zertifizierung erlangen zu können. Weiterhin kann „Kriterium 7- Infrastruktur" nicht vollständig erfüllt werden, da dem Kunden bei Musterfit keine Möglichkeit zur gesicherten Verwahrung von persönlichen Gegenständen zur Verfügung steht. Das heißt es gibt keine abschließbaren Schränke im Musterfit Club, die Taschen und persönlichen Dinge der Mitglieder können lediglich in einem offenen Regal in der Nähe der Trainingsfläche platziert werden. Weiterhin werden keine Cardiotrainingsgeräte zur Verfügung gestellt. „Kriterium 10 und 14" der Prüfgrundlage werden demnach ebenso nicht erfüllt. Ein weiteres Hindernis für eine Zertifizierung ist ein nicht vorhandener Feuerlöscher. Der Betrieb hat 5 Mitarbeiter von denen nur 3 über ausreichende Qualifikationsnachweise verfügen. Auch die notwendigen jährlichen Aus-und Weiterbildungsmaßnahmen (Personal- Kriterium 2) werden nur bedingt wahrgenommen.

Zu vermerken ist aber auch, dass es in meinem Ausbildungsbetrieb durchaus positive Angebote/Rahmenbedingungen gibt, die einer TÜV –Rheinland Zertifizierung nicht im Wege stünden. Alle Kundenverträge („Kriterium 3") erfüllen die geforderten Eigenschaften. In einer Hausordnung, die für jeden Kunden ersichtlich ist, werden die Mindestanforderungen an Ordnung und Hygiene („Kriterium

4") aufgelistet. Ebenso gibt es, wie vom TÜV verlangt, einen Reinigungsplan für den Sanitärraum und die Trainingsfläche. Wie in „Trainingsablauf - Kriterium 5" der Kriterien und Arbeitspapiere für gesundheitsorientierte Fitness-Studios gemäß Prüfgrundlage 2 PfG 1217 verlangt, wird auch bei Musterfit vor Trainingsbeginn mit jedem Kunden eine gesundheitliche Risikoabklärung durchgeführt. In Einzelfällen muss vom Kunden und/oder vom Arzt eine Unbedenklichkeitsbescheinigung oder eine Haftungsausschlusserklärung vorgelegt werden. Positiv ist auch, dass Musterfit mit der aufgeführten BORG-Skala arbeitet und diese im Trainingsbereich zur optimalen Belastungsdosierung- und Bestimmung eingesetzt wird.

Zusammenfassend lässt sich sagen, dass Musterfit aufgrund seines eigenen Konzeptes nicht die Angebotsbreite eines „herkömmlichen" Fitness-Studios hat und deswegen kein Fitness-Siegel verliehen bekommen könnte. In den Bereichen Hygiene, Kundenbeziehungen bzw. Kundenverträge und Betreuungs- und Fachkompetenz kann das Mikrostudio trotzdem weitestgehend mithalten und die Kriterien erfüllen. Durch das Franchise-System gibt es festgelegte Standards, die eine einheitlich hohe Qualität in allen Musterfit Clubs voraussetzen.

d) Vor –und Nachteile einer Zertifizierung beim TÜV- Rheinland

Betrachtet man die in Aufgabe 1c aufgeführten, von Musterfit GmbH nicht erfüllten Kriterien, so wird ersichtlich, dass vor einer Zertifizierung des TÜV Rheinland noch einige Veränderungen in verschiedensten Unternehmensbereichen von Musterfit von Nöten wären. Bei einer angestrebten Zertifizierung müsste der Franchisegeber selbst die Veränderungen hervorrufen und die Einhaltung bzw. Umsetzung in den einzelnen Clubs überprüfen. Da es sich bei Musterfit aber um ein sogenanntes Mikrostudio mit eigenem Trainings-und Ernährungskonzept handelt, würden die vom TÜV verlangten Kriterien nicht mehr zu diesem Konzept passen. Zum Beispiel eine Sauna, ein Solarium oder Cardiogeräte passen nicht zu den Rahmenbedingungen, würden das Konzept „verflüssigen" und/oder unglaubwürdig machen. Auch der Aspekt „Zeit" spielt hier eine große Rolle. Das Musterfit Zirkeltraining ist für die Zielgruppe „Frauen mittleren bis hohen Alters" gedacht, die möglichst wenig Zeit in ihre Gesundheit/Fitness investieren wollen oder können und dies bislang gar nicht oder nur wenig getan haben.

Mit Einbezug von Cardiogeräten oder sonstigen Zusatzangeboten könnte das Training unmöglich innerhalb von 30 Minuten absolviert werden. Auch der

Raum, der für diese Geräte zur Verfügung stehen müsste, ist in den allermeisten Musterfit Clubs nicht vorhanden. Wie schon in obiger Aufgabe beschrieben, werden vom Franchisegeber selbst verschiedene Qualitätsstandards vertraglich vorgegeben, die von den Franchisenehmern eingehalten werden müssen. Die Qualität wird fortlaufend überprüft und weiterhin verbessert. Allein dadurch hat sich Musterfit ein Image und einen Wettbewerbsvorteil aufbauen können. Eigenständige Fitnessunternehmen, die nicht zu einer Kette gehören, haben es in dieser Hinsicht bedeutend schwerer. Sie müssen sich aus eigener Kraft auf dem Mark zu behaupten und durchsetzen. Um sich diesen Qualitätsvorsprung zu verschaffen, kann eine Zertifizierung vom TÜV Rheinland durchaus hilfreich und von Nutzen sein. Mit dem international anerkannten Prüfzeichen vom TÜV Rheinland gelingt es den Fitness-Studios sichere Anlagen zu schaffen und die Mitgliederzahl stetig zu erhöhen, da die Interessenten durch die Zertifizierung mehr Vetrauen in die Qualität des Unternehmens haben. Ein weiterer Vorteil ist die Senkung der Fluktuation in den zertifizierten Studios. Durch diese beiden Aspekte kann sich das Unternehmen durch das branchenunabhängige Prüfzeichen langfristig ebenso Wettbewerbsvorteile verschaffen. Ein weiterer Nutzen, den die Unternehmen erzielen können, ist das sie ihre Mitarbeiter zufriedener und motivierter machen, weil sie in einem erfolgreichen Unternehmen, welches ständig eine Qualitätsverbesserung anstrebt, arbeiten. Die Studiomitglieder haben den Vorteil einer leichteren Auswahl des „richtigen" Fitness-Studios, einer gesicherten Qualität, einer guten Betreuung und eventuell vergünstigter Tarife. Die vom TÜV Rheinland zertifizierten Fitness-Studios schaffen für die potentiellen Kunden und Mitglieder eine vorteilhafte Transparenz. Die Fitnesstreibenden haben außerdem den Vorteil Zuschüsse der jeweiligen Krankenkassen gewährt zu bekommen.

e) Aktuelle Kosten für eine Zertifizierung beim TÜV – Rheinland und Anzahl der zertifizierten Fitnessanlagen

Aktuelle Kosten:

Prüfgrundlage: TÜV-Rheinland - Prae-Fit – Qualitätsstandard

Tab.1: Kosten für TÜV-Rheinland - Prae-Fit – Qualitätsstandard (Stand: April 2011)

Kosten im 1.Jahr	
Überprüfung und Zertifizierung (inkl. Reisezeiten und –kosten)	900,-
TUVdotCOM – Online Marketing Service in einer Sprache	kostenlos
Summe:	**900,-**

Folgekosten ab dem 2.Jahr	
Jährliche Vor-Ort-Überprüfung des Studios (inkl. Reisezeit und -kosten)	650,-
Summe:	**650,-**

Anzahl der aktuell durch den TÜV zertifizierten Fitnessanlagen: **171**

(Alle Studios der Kette Kieser sind ebenso zertifiziert, werden aber in einer Sonderliste aufgeführt, da sie keine Cardiogeräte haben)

Aufgabe 2)

Investition

a) Vorteilhaftigkeit der geplanten Investition nach der Kapitalwertmethode

Barwerte der Einzahlungen:

Tab.2: Kapitalwertmethode; Barwerte der Einzahlungen

Jahr	Einzahlung	Abzinsung	Barwert
1	35.700€	$1,08^{-1}$	33.055€
2	42.300€	$1,08^{-2}$	36.265,43€
3	48.100€	$1,08^{-3}$	38.183,33€
4	63.900€	$1,08^{-4}$	46.968,41€
		Summe:	**154.472,73€**

Barwerte der Auszahlungen:

Tab.3:Kapitalwertmethode; Barwerte der Auszahlungen

Jahr	Auszahlung	Abzinsung	Barwert
1	25.800€	$1,08^{-1}$	23.888,89€
2	29.200€	$1,08^{-2}$	25.034,29€
3	34.400€	$1,08^{-3}$	27.307,88€
4	36.300€	$1,08^{-4}$	26.681,53€
		Summe:	102.912,59€

Anschaffungspreis:

95.000€ (brutto): 1,19 = 79.831,93€ (netto)

Berechnung des Liquidationserlöses:

39.000€ (netto) x $1,08^{-4}$ = 28.666,16€

In Formel für KWM:

K = -79.831,93€ + 154.472,73€ - 102.912,59€ + 28.666,16€ = **394,37€**

Die Investition ist vorteilhaft, da der Kapitalwert > 0.

Das heißt auch, dass investitionsbedingte Auszahlungen sowie erwartete Verzinsungen erwirtschaftet werden können und ein Überschuss in Höhe von 394,37€ erzielt wird.

b) Vorteilhaftigkeit der geplanten Investition nach der Zinsfußmethode

Tab.4: Zinsfußmehode

Jahr	Differenz Einzahlungen - Auszahlungen	Versuchszins 5%		Versuchszins 10%	
		Abzins-Faktor $1,06^{-t}$	Barwert	Abzins-Faktor $1,12^{-t}$	Barwert
1	9.900€	$1,06^{-1}$	9.339,62€	$1,12^{-1}$	8.839,29€
2	1.310€	$1,06^{-2}$	11.658,95€	$1,12^{-2}$	10.443,24€
3	13.700€	$1,06^{-3}$	11.502,78€	$1,12^{-3}$	9.751,40€
4	27.600€	$1,06^{-4}$	21.861,79€	$1,12^{-4}$	17.540,30€
		Summe:	54.363,14€		46.574,23€

Anschaffungskosten: 39.000€

-79.831,93€ (netto von 95.000€)

+ 30.891,65€

5.422,86€

-79.831,93€ (netto von 95.000,-)

+ 24.785,21€

- 8472,49€

$$\rightarrow \quad r = 6 - 5.422,86€ \; \times \; \frac{12\text{-}6}{-8.472,49€ - 5.422,86€} \qquad = \textbf{8,34 \%}$$

Der interne Zinsfuß (r) liegt mit 8,34% knapp über dem zu erreichenden Kalkulationszinssatz von 8% und gilt somit als vorteilhaft!

Aufgabe 3)

Finanzierung

a) Finanzierungsmöglichkeiten für den Kraftausdauerzirkel:

Eine Möglichkeit den Kraftausdauerzirkel zu finanzieren, ist die **externe Fremdfinanzierung**. Dabei stammen die Mittel nicht aus dem betrieblichen Umsatz und werden von einem Außenstehenden zur Verfügung gestellt. Der Außenstehende Geldgeber erhält gegenüber dem Unternehmen einen Forderungstitel und wird damit Gläubiger des Unternehmens, aber kein Teilhaber. Um den Kraftausdauerzirkel zu finanzieren, könnte das Unternehmen also eine Art der externen Fremdfinanzierung nutzen und sich **einen Kredit von einer Bank** geben lassen. Eine weitere Möglichkeit den Zirkel extern fremdzufinanzieren, ist das „**Leasing**". Dies zählt zu den langfristigen Formen der Fremdfinanzierung und gilt als Sonderform der Finanzierung. Unter „Leasing" versteht man die „zeitlich begrenzte Überlassung von Mobilien, Immobilien oder Arbeitskräften zu konstanten, im Vorhinein festgelegten Raten" (vgl. ÜBELHÖR/WARNS, 2004, S.133). In der Praxis läuft das Leasing des Kraftausdauerzirkels entweder über eine Leasinggesellschaft, die das Gut vom Hersteller gekauft hat und an das Unternehmen verleast, oder der Hersteller des Zirkels ist selbst der Leasinggeber. Beim Leasing werden die Geräte nach einer gewissen Nutzungsdauer zurückgegeben oder können gegen einen bestimmten Restwert behalten werden. Der Restpreis muss mindestens dem Buchwert entsprechen, der mittels linearer Abschreibungen für das Gut ermittelt wird. Vorteilhaft im Vergleich zu einem Bankkredit ist hierbei die Unabhängigkeit von Kreditrichtlinien bei der Bank. Außerdem sind häufig auch Dienstleistungen im Vertrag mit einbezogen. Zum Beispiel die kostenlose und regelmäßige Wartung der Geräte. Vorteilhaft beim Leasing des Kraftausdauerzirkels ist ebenso, dass ein gewisser Schutz vor dem Risiko der Überalterung der Geräte besteht, da man den Zirkel, wie oben schon erwähnt, an die Leasinggesellschaft oder den Hersteller zurückgeben kann und dieser dann durch neue Geräte ersetzt wird. Im Gegensatz zu Eigenfinanzierungen erhöhen Fremdfinanzierungen das Fremdkapital des Unternehmens. Dabei werden gleichzeitig das Eigenkapital und die Liquidität des Unternehmens geschont.

Hat das Unternehmen selbst ausreichend Gewinn erwirtschaftet, so kann es den Kraftausdauerzirkel auch intern finanzieren. Bei der **internen Eigenfinanzierung** (Selbstfinanzierung) hat das Unternehmen die finanziellen Mittel zur Verfügung, die es braucht, um in den Kraftausdauerzirkel zu investieren. Es braucht also keinen dritten Geldgeber, da die Finanzierung aus selbst erwirtschafteten Unternehmensgewinnen passiert.

Um die Finanzierung des Kraftausdauerzirkels realisieren zu können, braucht das Unternehmen einen Plan. Dieser Finanzplan umfasst die Ermittlung der auf das Unternehmen zukommenden Zahlungserfordernisse, sowie die Entscheidung zwischen den verschiedenen Finanzierungsmöglichkeiten und das Einleiten entsprechender Maßnahmen. Im weiteren Verlauf spielt die **Rentabilitätsprognose** eine wesentliche Rolle. Sie basiert auf einer Umsatz- und einer Kostenplanung. Die Rentabilitätsprognose hat vor allem im Hinblick auf die erwähnte Fremdfinanzierung, insbesondere Kreditgewährung und Kreditkonditionen, einen maßgeblichen Einfluss. Um fortlaufende Kredite zahlen zu können, ist **die Liquiditätssicherung** eine weitere wirkungsvolle Maßnahme der Planung und gehört zu den obersten Zielen in einem Unternehmen. Um die Liquidität zu sichern, wird ein Liquiditätsplan erstellt, welcher der Rentabilitätsprognose ähnelt. Hierbei werden allerdings nicht nur die Umsätze und Kosten betrachtet, sondern der tatsächliche Kapitalfluss.

Ganz allgemein gilt bei einer Finanzierung und Investition, also auch bei der eines Kraftausdauerzirkels, die Reihenfolge Investition planen, Finanzierung planen, Finanzierung durchführen, Investition durchführen.

b) Ziele und Zwecke des Reformpakets „ Basel III"

In der Finanzkrise reichte das vorhandene Eigenkapital einiger Banken im Verhältnis zu den Risiken nicht aus. Deswegen musste der Staat diese Banken retten. Als Konsequenz der Krise beschlossen die Chefs der Notenbanken und Aufsichtsbehörden, dass Banken in Zukunft besser selbst vorsorgen müssen, um die Risiken besser abfangen zu können. Dazu hat der Baseler Ausschuss für Bankenaufsicht am 12.09.2010 strengere Regeln für das Eigenkapital der Banken aufgestellt.

Eine Bank muss jetzt Eigenkapital in Höhe von mindestens 8 Prozent der Risikopositionen vorweisen können. Kann sie dies nicht erreichen, muss die Bankenaufsicht handeln um Gefahren zum Schutz der Sparer und Anleger sowie zur Sicherung der Finanzmarktstabilität abzuwenden.

Ein Bestandteil des Eigenkapitals ist das Kernkapital. Dies ist zur Absicherung der Risiken notwendig und gibt durch die Kernkapitalquote an, wie viel risikotragende Positionen einer Bank durch Kernkapital gedeckt sein müssen. Das Kernkapital teilt sich in hartes und weiches Kernkapital auf. Das harte Kernkapital, welches aus eigenen Aktien und einbehaltenen Gewinnen besteht, ist für die Stabilität von Banken und des Finanzsystems besonders relevant. Neben dem Kernkapital ist das Ergänzungskapital ein weiterer Bestandteil der Eigenmittel einer Bank. Mit dem Reformpaket „ Basel III" wird folglich die Struktur des notwendigen Eigenkapitals von Banken geregelt, wodurch sich die Kernkapitalquote erhöht. Aus eigener Kraft und ohne die Hilfe vom Staat sollen die Banken, durch sogenannte Zusatzpuffer (Kapitalerhaltungspuffer und Antizyklischer Kapitalpuffer), ihre Risiken zusätzlich besser abfangen können. Puffer, die in wirtschaftlich guten Zeiten angelegt wurden, sollen künftig Verluste in wirtschaftlich schwierigen Zeiten ausgleichen können. So verhindert der Kapitalerhaltungspuffer, dass Kapital im Krisenfall zu schnell aufgezehrt wird und erhöht gleichzeitig Kernkapitalquote. Der Antizyklische Kapitalpuffer soll den Absturz nach einem exzessiven Kreditwachstum abfedern.

Aufgabe 4)

Controlling

a) Erläuterung der Balance- Scorecard, Unterschiede zu den klassischen Controlling- Systemen:

Die Balanced- Scorecard ist ein Instrument zur strategischen Steuerung von Organisationen. Während sich viele Controlling-Systeme mit rein monetären Kennzahlen beschäftigen, eine geringe Vernetzung mit strategischen Zielen haben und zu vergangenheitsorientiert sind, ist es die Idee der Balanced Scorecard, sowohl monetäre als auch nicht monetäre Größen zu berücksichtigen, die Vergangenheit und die Zukunft mit einzubeziehen und kurz-und langfristige Ziele zu beleuchten.

Ihr Ziel ist es also die einseitige Orientierung an finanziellen Kennzahlen zu überwinden, nicht monetäre Perspektiven zu berücksichtigen und dennoch den finanzwirtschaftlichen und gewinnorientierten Zielen eine Rolle zuzuschreiben.

Die Basis der Balanced-Scorecard ist die Unternehmensvision – und strategie. Sie stützt sich zugleich auf vier Perspektiven: die finanzielle Perspektive, Lernen und Entwicklung, interne Geschäftsprozesse und die Kundenperspektive. Um eine Verbindung zwischen der Strategie des Unternehmens mit der BSC herzustellen, werden drei Prinzipien verwendet (vgl. KAPLAN/NORTON, 1997, S. 143): Ursache- Wirkungs- Beziehungen, Leistungstreiber/Frühindikatoren und die Verknüpfung mit den Finanzen.

b) Vision: „Erhöhung des Anteils weiblicher Mitglieder" :

1. Klare Definition der strategischen Ziele:

In unserem Studio soll der Anteil der weiblichen Mitglieder erhöht und langfristig stabilisiert werden. Um dies zu erreichen, müssen wir für die Zielgruppe „Frauen" attraktiver werden, d. h unser Angebot interessanter gestalten und uns somit einen Wettbewerbsvorteil verschaffen.

2. Auswahl der Kennzahlen anhand der 4.Perspektiven:

- Finanzielle Perspektive
  - Umsatz allgemein und Umsatz der durch weibliche Mitglieder erwirtschaftet wird
  - Kosten allgemein und Kosten die durch weibliche Mitglieder entstehen
- Interne Geschäftsprozesse
  - Auslastung pro Kurs

- Geschlechteranteil der Kurse
- Geschlechteranteil der anderen Trainingsangebote
- Abschlussquote (weibliche Interessenten)
- Lernen und Entwicklung
  - Mitarbeiterzufriedenheit
  - Mitarbeiterproduktivität (Unterschied Verkauf und Training)
  - Anteil der weiblichen Mitarbeiter
- Kundenperspektive
  - Kundenzufriedenheit
  - Markt-und Kundenanteil
  - Kundentreue
  - Mitgliederwachstum

3.Bestimmung der Vorgaben:

Bis zum Ende des nächsten Jahres soll der Anteil der weiblichen Mitglieder um 15% gesteigert werden, damit sowohl der Verlust ausgeglichen wurde, als auch eine Steigerung des Anteils der Frauen stattgefunden hat.

4.Auswahl der Maßnahmen:

- Erhöhung des Anteils weiblicher Mitarbeiter
- Ausstattung mit entsprechenden Geräten (hydraulische Geräte, Figur zirkel, mehr Crosstrainer)
- Anpassung des Kursprogrammes an die Vorlieben weiblicher Kunden
- Marketingunterlagen für externes und internes Marketing erstellen

c) Tabellenkalkulation – Kennzahlensystem:

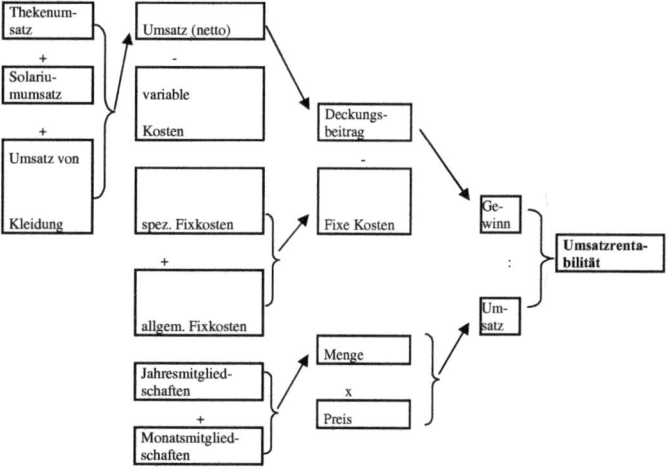

Abb.1: Kennzahlensystem zur Umsatzrentabilität

Literaturverzeichnis

KAPLAN, R.S./NORTON, D.P.: Strategy Maps – Balanced Scorecard. Schäffer-Poeschel Verlag, Stuttgart 1997.

PROF. DR. PHIL. SCHLAFFKE,W./PROF. DR. RER. POL. PLÜNNECKE, A., Studienbrief BWL IV,v5.0, Saarbrücken April 2011.

ÜBELHÖR, M./WARNS, C.: Grundlagen der Finanzierung anschaulich dargestellt. 3.Auflage, PD-Verlag, Heidenau 2004.

Online im Internet: www.tuv.com
1. http://www.tuv.com/media/germany/30_products/fitnessstudios/TUV_Rhe inland_kriterien_arbeitspapiere.pdf [Stand: 5.12.2011]
2. http://www.tuv.com/media/germany/30_products/fitnessstudios/Internetan gebot_Fitnessstudios.pdf [Stand: 5.12.2011]
3. http://www.tuvdotcom.com/quality_marks/0000000010?locale=de [Stand: 5.12.2011]

Bundesministerium der Finanzen: Online im Internet:

http://www.bundesfinanzministerium.de/nn_39814/DE/BMF__Startseite/Multime dia/Einfach-Erklaert/Basel-III/node.html?__nnn=true [Stand: 5.12.2011]

Tabellenverzeichnis:

Tab.1: Kosten für TÜV-Rheinland - Prae-Fit – Qualitätsstandard (Stand: April 2011)

Tab.2: Kapitalwertmethode; Barwerte der Einzahlungen

Tab.3: Kapitalwertmethode; Barwerte der Auszahlungen

Tab.4: Zinsfußmethode

Abbildungsverzeichnis:

Abb.1: Kennzahlensystem zur Umsatzrentabilität